APPRÉCIATION PHRÉNOLOGIQUE

DE MONSIEUR TRIAT

APPRÉCIATION
PHRÉNOLOGIQUE
DE MONSIEUR TRIAT

EXTRAIT D'UNE CONFÉRENCE

Donnée par le Dʳ CASTLE

CHEZ LUI, RUE DE PENTHIÈVRE, Nᵒ 26

LE 27 FÉVRIER 1859

PARIS

IMPRIMERIE DE CH. JOUAUST

RUE SAINT-HONORÉ, 338

1859

ORGANOGRAPHIE CÉRÉBRALE

TEMPÉRAMENT. . . . . .   Nerveux-bilieux-sanguin.
AGE. . . . .   45 ans.

<table>
<tr><td>Noms
des facultés mentales
et de leurs
organes cérébraux.</td><td>Leurs significations.</td><td>Degrés
de leurs
développements
craniens.</td></tr>
</table>

Premier Groupe.

Affections individuelles circonscrites par le foyer domestique
(mineures).

AMATIVITÉ.	Instinct générateur, attraction bis- sexuelle	5
PHILOGÉNITURE.	Instinct de paternité, attraction vers les enfants	6
ADHÉSIVITÉ.	Instinct d'attachement, d'amitié indivi- duelle, d'affection.	6

Deuxième Groupe.

Affections générales, expansives ou sociales
(majeures).

APPROBATIVITÉ.	Désir de l'approbation d'autrui, d'hon- neur et de gloire	6 1/2
VÉNÉRATION.	Sentiment de déférence, de respect, de piété, de dévotion.	6
BIENVEILLANCE.	Sentiment de philanthropie générale, de charité, de bonté	7

Troisième Groupe.

Instincts ou impulsions conférant l'énergie physique et morale,
l'esprit militant.

COMBATIVITÉ.	Instinct de résistance, de courage ani- mal (défensif)	6

Noms des facultés mentales et de leurs organes cérébraux.	Leurs significations.	Degrés de leurs développements craniens.
DESTRUCTIVITÉ.	Instinct d'énergie physique, d'attaque (offensif)	5 1/2
FERMETÉ.	Instinct de volonté, de persévérance, d'inflexibilité	7

Quatrième Groupe.

Propensions personnelles par excellence.

ESTIME DE SOI.	Sentiment de sa propre valeur, dignité, respect de soi-même	6 1/5
ACQUISIVITÉ.	Instinct d'appropriation, d'accumulation	2

Cinquième Groupe.

Penchants produisant la réserve instinctive ou un effet rétentif.

CONCENTRATIVITÉ.	Faculté d'attention, de concentration continue, instinct de la constance.	6
SECRÉTIVITÉ.	Instinct de retenue	3
CIRCONSPECTION.	Instinct de prudence, de précaution, d'appréhension.	4

Sixième Groupe.

Sentiments moraux par excellence.

CONSCIENCIOSITÉ.	Sentiment d'équité et de justice, instinct du devoir . . . . . ;	6
ESPÉRANCE.	Sentiment d'anticipation joyeuse . .	6

Septième Groupe.

Facultés imaginatives produisant le sentiment du beau, du grand et du sublime.

IDÉALITÉ.	Appréciation du parfait	6 1/2
MERVEILLOSITÉ.	Instinct de croyance, d'admiration. .	7

Noms des facultés mentales et de leurs organes cérébraux.	Leurs significations.	Degrés de leurs développements craniens.

Huitième Groupe.

Facultés perceptives conférant une habileté manuelle générale, auxiliaires par excellence.

CONSTRUCTIVITÉ.	Instinct mécanique, tendance et aptitude à construire	7
IMITATION.	Instinct d'imiter, faculté d'interprétation générale	7
ORDRE,	Disposition au coordonnement symétrique, à la distribution méthodique, systématique	6

Neuvième Groupe.

Facultés perceptives d'observation produisant une mémoire générale.

INDIVIDUALITÉ.	Perception des entités, mémoire des individualités, sens des choses. .	7
LOCALITÉ.	Perception des rapports de situation dans l'espace, mémoire des lieux .	7
ÉVENTUALITÉ.	Mémoire directe des événements, des faits	5

Dixième Groupe.

Facultés perceptives conférant des aptitudes et des mémoires spéciales.

CONFIGURATION.	Perception et mémoire des contours, des formes	5
ÉTENDUE.	Appréciation des distances, des dimensions d'espace	7
PESANTEUR.	Instinct de gravitation, d'équilibre, évaluation de la pression et de la résistance d'une masse	7
COULEURS.	Perception des nuances du coloris. .	6

Noms des facultés mentales et de leurs organes cérébraux.	Leurs significations.	Degrés de leurs développements craniens.
NOMBRES.	Appréciation des rapports numériques, instinct arithmétique, mémoire des chiffres, disposition au calcul . .	5
LANGAGE.	Perception des rapports des sons articulés, mémoire des mots, facilité d'élocution	6

Onzième Groupe.

Facultés perceptives servant de base au talent musical.

TONS.	Appréciation des rapports musicaux des sons, mémoire instinctive des mélodies	5
TEMPS.	Appréciation des rapports de succession dans le temps, instinct perceptif de la mesure de la durée, des intervalles rhythmiques, des cadences .	5

Douzième Groupe.

Facultés intellectuelles supérieures ou pouvoirs réflectifs.

ESPRIT DE SAILLIE.	Perception des contrastes, faculté de discrimination, de définition. . .	5
COMPARAISON.	Faculté de percevoir les analogies, les similitudes	7
CAUSALITÉ.	Faculté d'enchaîner les causes et les effets, de raisonnement par analyse et synthèse	7

À Monsieur Triat

𝔊𝔶𝔪𝔫𝔞𝔰𝔦𝔞𝔯𝔮𝔲𝔢

à Paris

Monsieur,

Une des séances du cours de Phrénologie pratique de
M. le docteur Castle a été presque entièrement consa-
crée à l'étude de votre caractère. Commencée par la
lecture d'un travail fait sur vous par moi qui n'avais pas
l'honneur de vous connaître, elle a été continuée par
un discours du maître, et complétée par les applaudis-
sements de l'auditoire pour l'orateur et pour vous dont
il avait parlé.

Au nom des élèves de M. le docteur Castle, dont

quelques–uns sont depuis devenus les vôtres, je viens,
Monsieur, vous prier d'accepter le compte–rendu de
cette séance. C'est un hommage mérité que nous vous
rendons. Dans la mission que vous accomplissez, chacun de nous, Monsieur, vous accompagne de ses vœux.

Veuillez agréer,

Monsieur,

l'assurance de mon profond respect.

C. DÉTAIN.

EXTRAIT

D'UNE

CONFÉRENCE PHRÉNOLOGIQUE

Donnée par le Docteur CASTLE

CHEZ LUI, RUE DE PENTHIÈVRE, N° 26

Le 27 février 1859

MESSIEURS,

Il n'est personne parmi vous qui ne connaisse, au moins de réputation, M. Triat, le fondateur de ce vaste et remarquable établissement de l'avenue Montaigne, où s'en vont les souffrants et les faibles chercher dans la pratique d'une gymnastique éclairée, la force et la santé.

J'ai pris sur la tête de M. Triat les indices phrénologiques de son moi mental, et j'en ai confié l'étude à l'un de mes élèves, M. Détain. Je ne pouvais, connaissant M. Triat, autant du moins qu'il est possible de connaître un homme après un contact de quelques semaines, je ne

pouvais raisonnablement dessiner moi-même son portrait.
M. Détain, au contraire, ne connaît pas M. Triat, et je lui
ai, jusqu'aujourd'hui, caché même son nom. En lui confiant
ce travail, j'avais d'ailleurs un autre but, intéressant pour
moi, pour vous aussi, Messieurs : celui de constater jusqu'à quel point il est capable d'approcher du vrai caractère, du caractère naturel d'un homme que je considère, à
juste titre, comme un génie naïf et des plus remarquables
parmi ceux que j'ai rencontrés.

Nous écoutons M. Détain.

Monsieur et cher Maitre ,

Vous nous avez appris dans vos leçons que , pour dessiner un portrait phrénologique ressemblant, d'après une organographie quelconque, même des moins complexes, il ne suffisait pas d'indiquer simplement les puissances natives les plus accentuées, et de les suivre dans leur évolution directe isolément, et même combinées en quelques groupes distincts, mais qu'il fallait encore évaluer l'influence des circonstances extérieures sur les tendances primitives. Or, Monsieur, à l'organographie que vous m'avez fait l'honneur de soumettre à mon appréciation, vous n'avez joint aucun renseignement de ce genre, si ce n'est que la personne dont il s'agit est sortie des rangs inférieurs de la société, et qu'elle est arrivée, sans autre aide que le sien, à une position sociale importante. Ma tâche ainsi est simplifiée. Je resterai dans les limites de mon sujet.

Je reconnais un enfant précoce; en fait d'intelligence, un espiègle. Il était ferme , résolu, ou plutôt il montrait les germes de ces dispositions. Il avait grand besoin d'affection, d'aimer et d'être aimé. Et au-dessus de tout cela, il avait la douceur. Tel, du moins, avait été pour lui le vœu de la nature.

Mais a-t-il eu les tendres soins d'une mère? a-t-il eu seulement le confort ordinaire des enfants du peuple, le nécessaire qui laisse vivre? a-t-il reçu cette première éducation morale et religieuse qui agrandit les cœurs? a-t-il pu éviter les mauvais entourages, les mauvais enseignements? ce sont là des choses que j'ignore. Ce que je sais, ce que j'affirme, c'est que, n'eût-il reçu que les soins qu'on donne d'ordinaire aux enfants de la classe même la plus infime, les traits que j'ai signalés, il les eût aussi possédés; et c'est que, s'il avait fallu, enfant abandonné de tous, qu'il marchât à l'aventure ses premiers pas dans cette vie, un peu du bon de son caractère se fût encore montré au jour. Alors, avec les dures circonstances se seraient manifestés des sentiments virils, une volonté tranchante, une tendance à batailler, qui, sans détruire les besoins, les désirs affectueux, sur eux eussent. jeté de l'ombre. On aurait surtout remarqué un besoin précoce d'indépendance, besoin destiné à grandir avec l'âge, et le germe d'un esprit rebelle aux conseils, inquiet, fuyant le travail régulier et principalement le travail laborieux des champs. Avec de la douceur, on l'eût facilement dirigé. On l'aurait au contraire trouvé rétif envers toute dure sévérité. Mis à l'école, on l'aurait vu ambitieux d'apprendre, apprenant vite. Il eût montré de l'aptitude, non-seulement pour les choses d'enseignement ordinaire, mais encore pour des arts divers et surtout pour tout ce qui dépend de l'habileté manuelle.

Ici, Monsieur, je m'arrête. J'ai pu, dans la première période de la vie de notre prototype, crayonner son portrait sur un fond incertain. Je ne saurais continuer de même dans un âge plus avancé.

Ou l'enfant, fils de paysans, est resté à la campagne ; ou bien il a grandi dans un centre ouvrier, il participe au mouvement précipité d'une ville importante.

Paysan, il se refuse au travail des champs. Cependant, pour vivre, obligé à manier de la terre, il accomplit son travail routinier. Lui que la nature avait fait pour d'autres destinées, le voici devenu machine, une machine d'os et de chair qui ne marche que quand la faim presse. Il n'avait rien des goûts grossiers qui font aimer les cabarets, et le voici tombé si bas que la débauche est son plaisir. — C'est l'exemple d'un beau cerveau stagnant dans un milieu social hétérogène et limité.

Ouvrier dans une grande ville, au contraire, en contact immédiat avec la foule des hommes et des intérêts différents, il vivra d'une vie nouvelle, et de son cerveau jailliront des puissances actives que la sphère étroite d'un village eût étouffées. Il est de ceux qui savent non-seulement profiter des plus petites circonstances pour s'élever, mais qui savent encore, partant d'une circonstance donnée, s'en créer mille autres propices à la satisfaction de leurs désirs ardents, et à l'évolution et à l'application de leur intelligence.

Mais n'est-ce pas ici, Monsieur, le cas d'une nature pouvant tourner au mal tout comme au bien, et plus encore au mal qu'au bien, conséquence naturelle, ainsi que vous nous l'avez souvent répété, de la constitution des sociétés, qui savent mieux punir les fautes qu'encourager l'excellence. Quoi qu'il en soit, j'ose déclarer qu'avec moins d'occasions de se distinguer que n'en ont la majorité des hommes, celui dont j'étudie le caractère est de ceux qui savent se faire une carrière, et qui, sur le chemin qu'ils se tracent en avant, trouvent à chaque pas beaucoup de blâme ou beaucoup de respect.

J'ai dit, Monsieur, ce qu'a été l'enfant, et, le faisant grandir dans des milieux opposés, la campagne ou la ville, j'ai montré l'homme abruti dans le premier cas, et trouvant au contraire dans le second les moyens de son entier développement. Ce n'est point là toute ma tâche. Au portrait dont j'ai crayonné les traits principaux il me faut ajouter les détails. — Je tracerai mes inductions simplement d'après l'essor normal des facultés, indépendamment de l'influence des circonstances extérieures.

L'organographie de notre prototype accuse un caractère puissant dans toute l'acception du mot.

J'y trouve l'énergie virile unie aux sentiments moraux

et aux tendances primitives de l'ambition, tous grandement développés.

J'y trouve également grandes à une nuance près, toutes les facultés qui indiquent l'*imagination*.

J'y trouve encore les tendances supérieures de l'*analyse* et de l'*induction*.

J'y trouve enfin des *dispositions générales pour l'art*, dont quelques-unes, par l'effet d'*une action intégrale du cerveau*, capables de se transformer en de véritables talents.

De cette richesse d'éléments grandement accusés, tant instincts que sentiments et facultés intellectuelles, il résulte ceci : que l'homme ainsi doué n'aurait pas pu traverser cette vie sans laisser après lui des traces de son passage. Ou en bien, ou en mal, il se fût signalé. En bien, il eût suivi sa route, semant à droite, à gauche, tout le bon qu'il possède ; — en mal, il eût encore par quelques faits éclatants prouvé sa générosité et son amour de la justice. Il eût suffi d'une circonstance propice pour qu'il revînt à tout jamais au bien.

J'ai parlé de générosité. — Elle est en lui active et passive. — J'entends désigner par ces mots l'indifférence naturelle pour ce qui n'est que l'or, et la tendance à partager sa bourse avec des amis dans la peine et des souffrants dans le besoin.

Il est courageux. En position de commander à des mas-

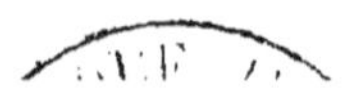

ses armées, il eût été vainqueur ou se fût fait massacrer dans le combat. — Il aurait tué sans pitié quiconque des siens eût faibli. — Il aime le danger. — Le péril l'attire. — La grande voix du canon l'émeut profondément.

Il a les trois ambitions de la gloire, du pouvoir et du devoir. — Elles s'unissent, la première, à une imagination artistique ; la deuxième, au besoin de commander, et la dernière, au sentiment religieux. Se modifiant l'une l'autre, elles engendrent en lui le besoin continuel de se rendre utile, de se sentir nécessaire.

Son aspiration vers la religiosité est grandement développée. — Il doit sentir l'existence d'une providence suprême ; — avoir foi et espoir dans le bonheur ; — croire à une première cause de tout ce qui existe ; — comprendre la justice et la miséricorde : — il doit pousser l'amour de Dieu jusqu'au fanatisme.

Le vrai et le beau l'attirent. Le laid et le faux lui sont antipathiques. Sa dominante intellectuelle le porte à une analyse simple, mais sévère, des rapports logiques des choses entre elles ; et sa dominante morale, à séparer instinctivement toutes choses en bien et en mal : il doit aimer les spéculations sur l'état moral de l'homme et de l'humanité.

Notre prototype a besoin d'être aimé. Il a dû, sans doute, trouver l'affection qui lui est nécessaire, mais tout aussi souvent il a dû rencontrer l'aversion : c'est que toute personne qui n'avait pas assez de force pour lui pardonner sa supériorité, ou assez de conscience pour essayer de l'apprécier, a dû se trouver offensée dans son amour-propre par le langage physiognomonique presque fatalement propre aux natures aussi tranchées que la sienne. — De là, pour lui, des peines, de vraies douleurs. Voyant partout, toujours, des êtres nuls, objets des distinctions du monde, tandis que le vrai mérite passait inaperçu, il a souffert dans sa *Vénération*. — Désirant toujours l'affection et l'approbation de ses semblables, sentant les mériter, mais trop fier, trop orgueilleux, pour les solliciter jamais de personne, ni même pour les accepter de la foule de ceux qui ne distinguent le mérite dans autrui qu'avec les yeux du corps et non avec les yeux de l'esprit, — une lutte en lui s'est ouverte, lutte d'amour et de répugnance pour l'homme et pour le monde, qui a dû se traduire en fait par des actes nombreux et caractéristiques. C'est ainsi qu'il a dû, aimant le bien, faire le bien sans demander, sans presque attendre le merci de la reconnaissance. Et c'est également ainsi qu'il a dû se montrer maintes fois excentrique : d'une opinion personnelle absolue, intolérant pour tout ce qui n'émane pas de lui ; et d'une indépendance insouciante dans la libre expression de tout ce qui se passe en lui, soit du côté de ses sentiments, soit du côté de son intelligence.

Il n'est pas rusé. — Il est loyal. Pour mentir à quelqu'un il faudrait, de nécessité, qu'il se mentît à lui-même. Il deviendrait facilement la dupe des flatteurs et des fourbes.

Il peut pardonner une injure, mais ce n'est qu'avec peine et par force de volonté qu'il résisterait au besoin de châtier, de tuer l'insulteur.

Il a l'amour de la femme, depuis la sympathie matérielle jusqu'à l'amour respectueux et dévoué.

Il a l'amour des enfants, mais en puissance secondaire, Ce qu'il aimerait avant tout, ce serait un enfant à lui, son être reproduit, fait homme à son image.

Il a de l'enthousiasme et de l'espoir; une habileté manuelle très prononcée; quelques dispositions pour la musique, et plus encore pour le dessin. Très bonne est son intelligence, tout à la fois analytique et synthétique. Sa mémoire est excellente. Il se rappelle tout ce qu'il a vu, ce qu'il a entendu, et les noms des personnes qu'il a fréquentées, et jusqu'à la disposition des endroits qu'il a visités. Il a le sentiment du grandiose. Il a la foi.

Je me résume :

Besoin d'affection, — besoin d'admiration, — sentiment de sa force, — dignité personnelle, — sentiment culminant du devoir, — sentiment religieux, — imagination intelligente presque inépuisable, élevant à sa hauteur des talents spéciaux : ceux par exemple de la mécanique et de l'architecture.

Voilà pour la face de la médaille. Et voici pour le revers :

Impatience, — irritabilité capable de se transformer en colère effrénée, — volonté opiniâtre, — fierté, — intolérance.

De cet ensemble commandé par une fièvre d'activité générale, il est facile de conclure à une individualité puissante. C'est notre prototype et ma conclusion.

Messieurs,

Dans son travail dont il vient de nous faire la lecture,
M. Détain a rendu à peu près tout ce qu'il est possible de
demander à de simples données crâniologiques. Il aurait
pu cependant, sur quelques points, s'étendre un peu. Je le
ferai pour lui dans un instant.

La tâche du phrénologue est complexe. Pour arriver à
un jugement phrénologique exact sur un caractère donné,
il ne suffit pas d'évaluer le degré de puissance et d'exten-
sion de chaque organe cérébral, et d'indiquer la direction
des diverses tendances primitives; il faut encore apprécier
le degré de vigueur et d'activité de l'ensemble des facultés,
et en déterminer la direction combinée et prédominante.
Jusque-là le travail du phrénologue consiste dans un long
enchaînement d'inductions basées sur une observation mi-
nutieuse et attentive. Cela posé, il faut tenir compte de la
hiérarchie des facultés, examiner quelles sont les domi-
nantes, consulter leurs modes d'association, apprécier le
degré auquel, simples ou composées, ces facultés jouissent
de leur libre manifestation, de leur essor normal, c'est-à-
dire à quel point elles sont entravées ou favorisées par les
circonstances extérieures. Le phrénologue doit par consé-

quent posséder une connaissance aussi exacte que possible du milieu social dans lequel se développe le caractère dont il veut esquisser la monographie. Mon élève vous l'a dit déjà au commencement de son étude. Il a bien fait, Messieurs, de vous le rappeler.

Avant de terminer cette digression, je désire ajouter quelques mots encore.

Il est une limite à la phrénologie. Au-dessus des organes cérébraux, en dehors du volume de chacun d'eux et de la qualité de la substance dont ils sont formés, il y a l'âme, l'âme dont il est impossible d'apprécier exactement l'*action puissantielle*. Cette limite n'est pas une pour tous les phrénologues. Elle varie pour chacun d'eux. Il faut une intelligence propre à ce genre d'études, un génie spécial, pour la rendre lointaine.

Mon élève aurait pu, Messieurs, remarquant la masse des sentiments par le grand développement des organes dans les parties postérieure et coronale de la tête de M. Triat, tout en signalant des besoins affectifs, des tendances généreuses et des aspirations ardentes, conclure, non pas à l'égoïsme, tant s'en faut, mais à un haut titre de personnalité.

Toute nature richement douée, ardente, est nécessairement personnelle, de par le besoin même qu'elle a de se sentir vivre. Et c'est un fait presque toujours constant, que dans les caractères de ce genre, à moins qu'une main bien habile ait su changer leur direction première, on découvre un tissu de contrastes, si plein, si serré, que pour le démêler il faut avoir une véritable science. Ce sont, dans un même individu, tantôt de touchantes manifestations de dévouement, et tantôt un oubli de tout ce qui n'est pas soi : c'était hier la plus haute expression de ces principes qui ennoblissent l'homme, œuvre de Dieu ; c'est aujourd'hui une complète indifférence du bien et du beau, de tout ce qui est digne ; indifférence qui lui fait suivre le cours des événements paresseusement, comme si toute volonté morale et virile était absente. Ces riches natures, ainsi que l'a dit M. Détain, peuvent tourner au mal tout comme au bien, selon l'influence des circonstances extérieures. Néanmoins, le principe du bien est ce qu'il y a de plus positif en elles. C'est qu'en outre du milieu dans lequel s'agite un individu, il y a l'idée abstraite qu'il est capable de se former du bien, idée qui le porte plus ou moins à combattre son propre égoïsme, et à s'affranchir des liens étroits et oppressifs des circonstances matérielles. — L'aspiration au bien abstrait est la plus grande vertu de l'âme !

Un être doué au même degré que M. Triat des facultés affectives et intellectuelles, présente à l'observateur les indices du génie. Et ici, Messieurs, nous touchons à cette limite de la phrénologie dont je vous ai parlé plus haut. Je veux bien admettre qu'il est possible au phrénologue de soupçonner le génie et d'indiquer sa direction ; mais je déclare que ce n'est point en s'adressant aux échos matériels de l'âme qu'il pourra jamais découvrir la force même du génie : car ce qui est propre au génie gît dans cette puissance, véritable mystère pour la psychologie, des créations spontanées de l'intuition.

Pour achever aussi complétement que possible l'étude phrénologique de mon élève sur M. Triat, j'ajouterai quelques lignes encore au tracé déjà fait de son portrait.

Quiconque sait lire une organographie et interpréter les effets qui résultent de la combinaison des organes entre eux, et de l'influence *protéenne* des circonstances extérieures sur un caractère naturel, reconnaîtra facilement deux choses à notre prototype : l'une se rapportant tout directement à cette puissance instinctive que je lui ai déjà reconnue ; et l'autre, aux modifications produites dans son caractère par le frottement des pointes aiguës du milieu dans lequel il a vécu, et par le temps. Je veux parler de ses sympathies et de ses antipathies naturelles, et de son intuition mi-acquise, mi-instinctive, du caractère moral d'autrui. Y aurait-il un défaut accompagnant ces dispositions ? M. Triat pourrait-il oublier dans ses antipathies la justice et la bonté, qui sont des traits si grandement forts de son naturel ? On ne peut l'affirmer, mais c'est possible.

Ce n'est qu'en s'observant en lui avec la même force qu'il possède d'observer dans autrui, qu'il aurait pu se garder contre cette manifestation exceptionnelle de son caractère.

Le pouvoir de souffrir accompagne en forte puissance, chez M. Triat, l'élan de ses sympathies. Il peut arriver qu'un mot, une intonation particulière de la voix, le remplissent d'aise. Le contraire peut arriver également. La trahison, l'ingratitude, le blessent douloureusement au cœur, et l'assombrissent pendant des heures et des jours. Quelque puissant qu'il soit de force et de volonté, les larmes cependant ne sont pas étrangères à ses yeux. Il est rempli d'espoir en l'avenir, et pourtant quelquefois, quoiqu'il ait confiance en ce qu'il peut, en sa volonté forte, le doute vient à lui et la tristesse s'empare de son âme. Alors une bonne parole lui fait du bien. — Qui combat pour la vérité, pour le progrès, quelque fort qu'il soit, dans un mot sympathique retrempe son courage !

Que si maintenant l'on me demandait ce qu'en de certaines circonstances M. Triat fût devenu, je répondrais : Général d'armée. Il possède, en effet, toutes les facultés qui font les grands capitaines. Mais ne vaut-il pas mieux qu'il ait suivi sa voie, celle qui l'a conduit à l'enfantement de son œuvre ? Les malades désespérés qu'il a soulagés et guéris ont déjà répondu pour moi.

Si maintenant, Messieurs, je me permets encore de vous

parler de M. Triat, ce n'est plus comme phrénologue, mais en observateur. Ce qu'il me reste à dire de lui et de son œuvre ne peut certes manquer de vous intéresser.

On croit généralement, de par le monde, savoir ce que c'est que la gymnastique. Je croyais le savoir aussi, jusqu'au jour où j'ai pu, chez M. Triat, constater mon entière ignorance. C'est de l'hygiène au premier chef. C'est aussi de la curation. Je veux parler surtout de celle que M. Triat enseigne.

L'établissement de l'avenue Montaigne, grandiose, mais toutefois encore trop faible écho de la pensée du maître, contient un merveilleux ensemble d'instruments appropriés à toutes ou quasi-toutes les maladies de l'homme, comme à tous ses états de force et d'âge. Ces instruments, M. Triat les a conçus; il sait aussi les appliquer. Mais tout cela n'est rien encore. Il reste tout à dire des avantages qui résultent de la simplicité de quelques exercices agissant avec force et de toutes les manières sur le corps de l'homme, et qui n'exigent pas à la rigueur d'autre espace qu'un petit coin de la maison de chacun. Il reste tout à dire de la puissance personnelle du maître, de ce coup d'œil pénétrant, impossible à comprendre pour quiconque voudrait se l'expliquer, qui descend au profond de la nature intime du moi physique de tous ceux qu'il examine, et lui fait modifier à l'infini, selon les cas, l'application de cette série de mouvements gradués en force et en vitesse qu'il fait exécuter à ses malades, et principalement lorsqu'il s'attaque à des maladies réputées incurables. M. Triat possède une puissance curative extrême : c'est un don de nature; c'est aussi le résultat de l'application d'une science qui lui est propre. Chez lui vous verrez des vieillards plus forts que nos jeunes gens; des malades qui sentent leur vie plus que tant de nous autres qui nous croyons sains. Vous verrez des paralytiques qui ne pouvaient remuer ni bras ni jambes, et qui maintenant les agitent dans tous les sens; qui grimpent aux cordages et marchent d'un pas assuré sur les échelles flexibles suspendues dans l'air. J'en ai vu trois exemples dans le court espace d'un mois. Il est des cas d'état chirurgical qui, d'après l'opinion de bien des médecins, proscrivent essentiellement tout mouvement énergique, sous peine d'augmentation de la maladie et même de la mort; et cependant M. Triat, dans ces cas particuliers, fait exécuter tous les mouvements dont le corps est susceptible, et ainsi amène une amélioration patente. C'est un fait constaté. Bien avant de connaître M. Triat, j'avais souvent entendu répéter qu'il avait pu guérir la phthisie pulmonaire à la première apparition des tubercules, et modifier assez le tempérament pour fermer toute porte au retour de la maladie. Je n'ai pas eu de cas semblables sous les yeux; mais voici qu'un médecin distingué de mes amis, M. le docteur Grob, m'affirme qu'un jeune homme dans cet état vient d'être remis entièrement en force et en santé par M. Triat.

De tout cela, Messieurs, il résulte que M. Triat a grandement le droit d'inscrire au fronton de son établissement ces mots : *Régénération de l'homme.* Je ne trouve contre cette inscription qu'une objection possible, celle-ci : qu'elle donne à supposer que l'homme est déchu, qu'il a été déjà généré. — J'aurais préféré cette autre : *Perfectionnement de l'homme.* Mais qu'importe !

Pour nous, comme pour M. Triat, l'homme est un être triple : Corps, âme et esprit. C'est au perfectionnement intégral de son corps que l'homme devra l'élévation de son être physique terrestre. De tout temps la santé n'a-t-elle pas été définie : un esprit sain dans un corps sain ?

Je n'ai que faire, Messieurs, de vous entretenir de l'influence que la gymnastique peut avoir sur le cerveau. Je vous dirai simplement que par elle les vices de l'esprit ne guérissent pas moins que les vices du corps. Mon dire n'est pas une déduction théorique tirée de la science de M. Triat, mais bien la conclusion de faits pratiques. Je ne raconte que ce que j'ai vu. Et, cependant, je le déclare, il y a dans M. Triat une source féconde, j'allais dire intarissable, d'idées se rapportant à l'homme dans tous ses états de maladie et de santé, soit de corps, soit d'esprit; source dans laquelle trouverait à puiser pour son profit l'homme de science, quelque savant qu'il fût.

Si l'intérêt qui s'attache au phénomène exceptionnel d'un véritable homme de la nature vous inspire, Messieurs, le désir de faire avec M. Triat et avec sa science une plus intime connaissance, chacun de vous pourra se satisfaire.

Le Gymnase de M. Triat est, comme un temple, ouvert à tous. Tout s'y fait au grand jour. Le maître ne cache point ses idées. Il les donne à qui veut en profiter. Il ne brevète point ses machines. Tout ce qu'il fait est pour le bien d'autrui. Tout pour le progrès.

M. A. CASTLE, M. D.

1056 — Paris, imprimerie Ch. Jouaust, rue Saint Honoré, 338.